AF482853

J. GAUVIN

Chez les Noirs

PARIS

Société Française d'Imprimerie et de Librairie
Collection LECÈNE, OUDIN et Cie
15, rue de Cluny, 15

Chez les Noirs

L'histoire de cette jolie négrillonne, à la figure intelligente, est l'histoire des efforts tentés par de vaillants explorateurs européens pour libérer nos frères d'Afrique.

Il faut avoir un réel courage pour quitter le bien-
être de la vie européenne, et s'en aller vivre cette
existence d'aventures sur des terres lointaines, sous un
climat si rude, en des contrées dépourvues de tout
confort, souvent même des moyens les plus élémentaires
de transport.

Aussi faut-il que l'explorateur recrute d'abord une foule de porteurs qui transporteront ses bagages, ses armes, ses marchandises, les divers cadeaux à fournir aux chefs des tribus qui lui laisseront traverser leur territoire.

Ces porteurs sont robustes et forts ; pendant des mois, ils accompagnent l'explorateur à travers la forêt vierge. A l'aide de radeaux improvisés, ils traver-

seront les larges fleuves africains au cours si rapide ;
ils aideront à ouvrir un passage à la civilisation. Ils
lutteront ensemble contre la nature et contre de
redoutables animaux.

Dans la brousse, il leur arrivera de disparaître parmi

les hautes herbes et, durant des jours et des jours, l'explorateur cheminera ainsi à l'aventure, avançant péniblement, guetté par les fièvres, dévoré par les moustiques, et souvent par des ennemis plus terribles encore.

Mais, sans jamais faiblir, il continuera cette lutte de tous les instants, ayant fait par avance le sacrifice de sa vie à la cause de l'humanité.

Il ira de l'avant et quand même, quels que soient les obstacles qui se dresseront sous ses pas.

Combien de ces vaillants ont été surpris par des sauvages féroces pour lesquels l'homme blanc reste l'ennemi !

Heureux ceux qui, ayant une petite escorte, ont pu triompher, grâce à leurs armes perfectionnées, du nombre de leurs assaillants !

Mais, hélas ! nombreux sont les martyrs de la grande aventure.

Ceux qui ont triomphé de leurs adversaires ont
alors dû exercer une véritable justice, se faire amener
les prisonniers, les interroger au moyen d'interprètes,
et souvent aussi les punir sévèrement.

Heureusement que ces mesures rigoureuses sont de moins en moins fréquentes.

Les Européens, mieux connus, sont mieux accueillis par les peuplades les moins civilisées d'Afrique. Le continent noir s'ouvre chaque jour davantage à la civilisation.

Chaque jour aussi des accords interviennent avec les grandes nations civilisées.

Il est déjà des explorateurs artistes qui ont rapporté de ces terres lointaines de beaux tableaux. Émerveillés, les noirs naïfs venaient admirer le peintre qui faisait revivre sur la toile les gens et les sites familiers.

La photographie a déjà permis à ceux qui préfèrent la douce quiétude du foyer de se rendre compte de ce qu'est la vie dans ces régions-là.

Avec le temps, les petits villages aux cases mal bâties de branchages et de terre, les huttes qui protègent mal leurs habitants des serpents et des moustiques, auront disparu. Nous verrons alors s'élever à la place des cités que relieront de belles routes, des voies ferrées.

Des manufactures mettront sur place en valeur les matières premières, les minéraux qui abondent par là-bas.

Les nègres exploiteront les richesses de toutes sortes que pourront fournir bientôt ces terres éloignées. Ils prendront plus conscience de leur destinée d'homme. Ils n'auront plus à redouter l'esclavage, cette grande tare de l'humanité.

La France s'honore d'avoir été la première des nations à combattre la traite des nègres, qui semait la désolation dans les villages africains.

Il y a déjà plus d'activité dans ces terres lointaines. Les indigènes vendent maintenant les produits de leur sol, le manioc, les arachides dont on fait l'huile, le caoutchouc si précieux pour nos autos et nos vélocipèdes.

C'est un arbre, le caoutchoutier, qui produit la fameuse gomme.

Et toutes les richesses diverses que la terre d'Afrique renferme dans ces recoins perdus s'en vont déjà vers les villes blanches du littoral africain, d'où les grands navires les emportent vers les cités d'Europe. C'est l'ébène et l'ivoire, les peaux précieuses et la poudre d'or ; ce sont les bois aux essences les plus variées ; c'est tout ce que le continent noir renferme de matières premières sans rivales et dont notre industrie est redevable aux courageux efforts des vaillants explorateurs.

Ainsi le dévouement, l'abnégation, l'esprit de sacrifice de ces héros est profitable à l'humanité. Grâce à eux, des millions de pauvres gens travaillent maintenant sur le sol africain, non pas comme des esclaves, mais en gens libres, maîtres de leur corps.

Paris. — Société française d'Imprimerie